Löffel-Food

auf Schwäbisch

Walter Siebert | Gottfried Stoppel

Oertel+Spörer

Sämtliche Fotos von Gottfried Stoppel, Waiblingen.

Postfach 16 42 · 72706 Reutlingen

Umschlaggestaltung, Layout und Satz: Longo AG, I-Bozen
Druck und Einband: Longo AG, I-Bozen
ISBN 978-3-88627-978-4

Löffel mit Fleisch

Löffel mit Gebackenem

Löffel mit Wurst

Löffel mit Fisch

Vegetarische Löffel

Vorwort

Löffel mit feinen kulinarischen Kleinigkeiten sind ein wunderbares Party-Essen und eignen sich auch besonders gut als Zugabe zum Aperitif oder beim Stehempfang.

Einige Tipps für Ihre kreativen Kartoffelsalat-Löffel möchte ich Ihnen gerne noch mitgeben:

- Achten Sie auf appetitliche Kombinationen von Farben und Aromen.

- Ob belegt mit Fisch, gebratenem Fleisch oder vegetarisch. Bieten Sie Ihren Gästen eine entsprechende Auswahl, damit diese mit allen Sinnen genießen können.

- Eine moderne Präsentation passt wunderbar zu den Löffeln. Ob Sie lieber Porzellan- oder Edelstahllöffel verwenden, bleibt Ihnen überlassen.

- Bereiten Sie kleine Portionen - diese sehen nicht nur verlockend aus, sie lassen sich auch leichter essen.

Ich habe in diesem Buch für Sie eine reizvolle und abwechslungsreiche Auswahl an Kartoffelsalat-Löffeln zusammengestellt. Einige Spezialitäten sind leicht, andere eher rustikal. Wieder andere sind in der Zubereitung aufwändiger, doch die Mühe der Zubereitung lohnt sich. Man muss kein Profikoch sein, damit die köstlichen Appetithappen gelingen. Kleine Löffel originell serviert, und Sie werden bei Ihren Gästen mit Ihren kreativen Ideen noch lange in Erinnerung bleiben.

Am Ende des Buches zeige ich Ihnen an einigen Beispielen, wie Sie die Löffel servieren können. Sie müssen übrigens nicht alles selbst kochen, vieles gibt es auch in einer gut sortierten Metzgerei oder im Feinkostgeschäft zu kaufen.

Walter Siebert

Wichtige Hinweise für die Löffel-Food-Rezepte

- Alle Rezepte sind für 10 Löffel ausgearbeitet.

- Rechnen Sie 400 g Kartoffelsalat für 10 Löffel.

- Legen Sie auf jeden Löffel ein Salatblatt, darauf einen ½ EL Kartoffelsalat anrichten. Ob Sie Kopf-, Radicchio-, Lollo Rosso, Chicorée-, Eichblatt- oder Ackersalat verwenden, bleibt Ihnen überlassen, es machen sich aber auch Kapuzinerkresse- oder Sauerampferblätter gut.

- Bei Pfeffer immer frisch gemahlenen weißen Pfeffer aus der Mühle verwenden.

- Die Kartoffelsorte ist entscheidend für die Qualität des Kartoffelsalats.

- Die strengen Vegetarier können ihren Kartoffelsalat natürlich auch mit Gemüsebrühe anmachen.

- Zur Garnitur eignen sich neben den gemachten Beispielen auch immer saisonale Produkte wie Tomate, Gurke oder gekochtes Ei.

„Bei dem Büchle brauchsch nix denka,
des kasch au zur Hochzeit schenka.“

Nach meiner Lehrzeit arbeitete ich in einem Hotel in Blaubeuren. Der gute Kartoffelsalat war bekannt und deshalb wurde er von der Senior-Chefin selbst gemacht. Er war meistens schon morgens gegen 10:00 Uhr fertig. Sie hat mir dann befohlen: „Vor dem Servieren kommt no an Schöpfer Spatzawasser nei, des macht'n bsonders fei!"

Kartoffelsalat (6 Portionen)

Zutaten

- 1,5 kg Salatkartoffeln
- 4 TL Salz
- 250-300 ml Fleischbrühe (selbstgemacht oder Instant)
- 1 geh. TL mittelscharfer Senf
- 4 EL weinwürziger Essig
- 1 mittelgroße, fein gewürfelte Zwiebel
- Weißer Pfeffer aus der Mühle
- 3-4 EL Öl

- Die gewaschenen Salatkartoffeln in einen Topf geben, 1-2 TL Salz dazugeben und die Kartoffeln zu zwei Drittel mit Wasser bedecken. Einen gut schließenden Deckel auflegen und zum Kochen bringen. Danach Temperatur zurückschalten und etwa 30 Minuten leicht köcheln lassen.

- Wenn sich ein spitzes Messer leicht einstechen lässt, sind die Kartoffeln gar. Um einen guten Kartoffelsalat zu erhalten, ist es wichtig, dass die Kartoffeln nicht zu weich sind, da die feinen Scheiben sonst zerfallen.

- Sind die Kartoffeln gar, Wasser abschütten und die Kartoffeln etwas abkühlen lassen, jedoch noch im heißen Zustand schälen. Die noch warmen Kartoffeln in 1-2 mm dünne Scheiben schneiden. Ist dies zu beschwerlich, kann auch ein Kartoffelhobel zu Hilfe genommen werden.

- Fleischbrühe erhitzen. Wenn Sie ein Instant-Produkt verwenden, Wasser und gekörnte Brühe, entsprechend der Produktangabe mischen. Bei selbstgemachter Brühe, die nicht gesalzen ist, 1-2 gestrichene Teelöffel Salz hinzufügen. Senf, weißen Pfeffer aus der Mühle und Essig dazugeben. Alles glatt rühren, bis vom Senf keine Flocken mehr zu sehen sind. Kocht die Brühe, die fein gewürfelte Zwiebel hinzufügen und kurz mit aufkochen.

- Etwa ⅔ der Brühe über die fein geschnittenen Kartoffelscheiben gießen und mit einem Gummispatel vorsichtig unterheben, die Oberseite etwas glatt streichen und 20-30 Minuten ziehen lassen. Ist die Konsistenz etwas zu fest, mit der restlichen Brühe ausgleichen.

- Nun das Öl dazugeben und behutsam untermischen. Nochmals abschmecken.

Der Kartoffelsalat sollte nun eine „schlonzige" Konsistenz haben. Wenn er noch lauwarm serviert wird, schmeckt er am besten!

Wichtig: Ein guter Kartoffelsalat gelingt nur mit festkochenden Kartoffeln, zum Beispiel Annabell, Sieglinde, Bamberger Hörnchen, Nicola oder Selma. Am besten, Sie kaufen Ihre Salatkartoffeln auf dem Markt oder beim Gemüsehändler.

Tipp: Wenn Sie Ihrem Kartoffelsalat noch einen besonderen Pfiff verleihen möchten, erhitzen Sie für die obige Menge 50 g gesalzene Butter so lange, bis sich die Molke von der Butter trennt - es bilden sich weiße feste Flocken. Die Butter sollte eine leicht hellbraune Farbe haben. Nun die Butter durch ein Metallsieb auf den noch lauwarmen Kartoffelsalat sieben und unterheben. Der Kartoffelsalat erhält so eine leicht nussige Note.

Und wenn die Gäste nach dem Probieren sagen „Der schmeckt hehlinga guad", dann hat man alles richtig gemacht.

Gerauchte Entenbrust

Zutaten

- 1 gerauchte Entenbrust (ca. 200 g), in feine Scheiben geschnitten

Garnitur

- Ackersalat
- Rotes Basilikum
- Majoranblüte

Gänse- oder Geflügelleber

Zutaten

- 5 Hähnchenlebern oder 3 Gänselebern
- 20 g Butter
- 1 EL Mehl
- Salz, weißer Pfeffer aus der Mühle

Garnitur

- 1 roter Apfel
- 1 kleine Zwiebel
- Krause Petersilie
- Kleine Blätter von Kapuzinerkresse

- Die Lebern mit Küchenkrepp trocken tupfen.
Häuten und die weißen Teile entfernen
Die Hähnchenlebern halbieren oder aus den Gänselebern 10 Stücke schneiden.

- Butter in einer Pfanne erhitzen, aufschäumen lassen.

- Leberstücke in Mehl wenden und in die Pfanne legen.

- Von beiden Seiten rasch anbraten, salzen, pfeffern und aus der Pfanne nehmen.

- Auf Küchenkrepp abtropfen lassen, auf Kartoffelsalat anrichten und ausgarnieren.

Geschmorte Kalbshaxenscheiben

Zutaten

- 2 Kalbshaxenscheiben à 200 g (möglichst von den hinteren Haxen)
- 50 ml Olivenöl
- 2 kleine Zwiebeln
- 1 Karotte
- 50 g Knollensellerie
- 1 TL Tomatenmark
- 250 ml Rotwein (Trollinger oder Lemberger)
- 500 ml dunkler Kalbsfond (alternativ aus dem Glas)
- 1 Lorbeerblatt
- 4 Wacholderbeeren
- 1 Knoblauchzehe
- 2 Zweige Thymian
- 1 Rosmarinspitze
- Salz, weißer Pfeffer aus der Mühle
- 5 Blatt weiße Gelatine

■ In einer Kasserolle das Olivenöl erhitzen.

■ Kalbshaxenscheiben mit Salz und Pfeffer würzen und im Olivenöl von beiden Seiten kräftig anbraten.

■ Zwiebeln abziehen und in 3-4 cm große Würfel schneiden. Ebenso Karotte und Knollensellerie.

Geschmorte Kalbshaxenscheiben

- Sind die Beinscheiben schön braun angebraten, herausnehmen und auf einem flachen Teller mit Alufolie abdecken.

- Röstgemüse in den Topf geben (Zwiebeln, Karotten, Sellerie) und ebenfalls anbraten. Sobald das Röstgemüse Farbe genommen hat, das Tomatenmark, die angedrückten Wacholderbeeren, das Lorbeerblatt und die Knoblauchzehe dazugeben und ebenfalls anrösten.

- Etwas Rotwein und Kalbsfond angießen, wieder einkochen (reduzieren lassen) und erneut etwas anrösten. Vorgang mindestens 3x wiederholen: es sollte ein dunkler Fond entstehen.

- Restlichen Rotwein und Kalbsfond dazu gießen, Kräuter hinzugeben, aufkochen lassen.

- Beinscheiben einlegen und im 180 °C vorgeheizten Backofen 30-40 Minuten schmoren lassen. Die letzten 10 Minuten sollten die Kalbshaxenscheiben nicht mehr zu sehr in der Sauce liegen, damit sie eine schöne Farbe bekommen.

- Das Fleisch aus der Sauce nehmen, den Fond durch ein Sieb passieren und auf 200 ml Flüssigkeit einreduzieren lassen, abschmecken und beiseitestellen.

- Gelatine in kaltem Wasser 5 Minuten einweichen, herausnehmen, gut ausdrücken und unter den nicht mehr kochenden Fond rühren.

- Den Fond in ein flaches Gefäß gießen und erkalten lassen. Ist der Fond ausgekühlt, für einige Stunden in den Kühlschrank stellen und erstarren lassen.

- Man kann den Fond als Aspik weiter verwenden. Entweder Rauten oder kleine Würfel schneiden und damit das Kalbshaxenfleisch auf dem Kartoffelsalat garnieren.

Tipp: Möchte man den Aspik etwas intensiver, kann man den Fond mit etwas Sherry abschmecken. Der restliche Aspik kann erwärmt und als Sauce verwendet werden.

Kassler-Rücken

Zutaten

- 300 g Kassler-Rücken am Stück
- 1 hart gekochtes Ei
- 3 Essiggurken

Garnitur

- Petersilie

- Kassler in 10 gleich große Scheiben schneiden.

- Mit ½ Eischeibe, klein geschnittenen Essiggurken und Petersilie garnieren.

Gefüllte Spitzmorcheln

Zutaten

- 10 g getrocknete Morcheln
- 30 g Butter

Für die Farce

- 200 g Geflügel-fleisch ohne Haut und Sehnen
- 150 ml Sahne
- 2 cl Cognac
- Salz, Pfeffer

■ Die getrockneten Morcheln waschen, in einer Schüssel mit kochendem Wasser überbrühen und 5 Std. quellen lassen.

■ Für die Farce das Geflügelfleisch in Würfel schneiden und im Gefrierfach leicht anfrieren. Mit den anderen Zutaten pürieren, durch ein Sieb streichen und kalt stellen. Morcheln auf einem Sieb abtropfen lassen und auf Küchenkrepp trocken tupfen.

■ Farce in einen Spritzbeutel mit feiner Lochtülle geben (sollte in den Stielansatz der Morcheln passen). Ist die Farce zu fest, mit etwas Sahne verrühren und die Morcheln füllen.

■ Butter in Pfanne aufschäumen und die Morcheln rundherum anbraten, abkühlen lassen, der Länge nach halbieren und auf den Löffeln anrichten.

Ochsenschwanz-Praline

Zutaten

- 1 kg Ochsenschwanz (in den Gelenken geteilt)
- 3 EL Pflanzenöl
- 1 mittelgroße Zwiebel und Karotte
- ¼ Knollensellerie
- 1 geh. TL Tomatenmark
- 150 ml Rotwein
- Salz, Pfeffer
- 2 Lorbeerblätter
- 5 Wacholderbeeren (leicht angedrückt)
- 1 Zweig Thymian und Rosmarin
- Salz, Pfeffer
- 3 cl Sherry
- 1 Schweinenetz (beim Metzger vorbestellen)

Füllung

- 5 Scheiben Toastbrot ohne Rinde
- 1 Schalotte
- 1 TL feingehackter Estragon
- 40 g Butter
- 2 EL Milch
- 1 Ei

■ Den Backofen auf 200 °C vorheizen.

■ Die mit Salz und Pfeffer gewürzten Ochsenschwanzstücke in einer großen hitzebeständigen Pfanne von allen Seiten scharf anbraten.

■ Das geputzte Gemüse in ca. 1 cm große Würfel schneiden und mit anbraten. Tomatenmark dazugeben und ebenfalls mit anrösten. Mit etwas Rotwein angießen und einreduzieren, erneut etwas Rotwein angießen und nochmals reduzieren. Mit Wasser aufgießen bis das Fleisch bedeckt ist. Gewürze dazu geben und in den vorgeheizten Ofen geben. Aufkochen lassen und den Schaum etwas abschöpfen.

■ Temperatur auf 140°C reduzieren und etwa 3 Stunden köcheln lassen, bis sich das Fleisch leicht vom Knochen löst. Die kleineren Stücke sind etwas eher gar als die großen, eventuell vorher ausstechen.

■ Fleisch noch warm vom Knochen lösen und abkühlen lassen. Eventuell verbleibendes Fett und Knorpel entfernen. Fleisch in ½ cm große Würfel schneiden. Etwas salzen und pfeffern und mit Sherry marinieren.

Füllung

■ Schalotte fein würfeln und mit 10 g Butter glasig andünsten, den fein gehackten Estragon dazugeben und verrühren. Toastbrot in Würfel schneiden und mit Ei, heißer Milch, Salz und Pfeffer, Schalotte und

Estragon zu einer Knödelmasse vermengen. Schweinenetz wässern und anschließend auf einer befeuchteten Arbeitsfläche in 5 cm große Quadrate schneiden.

■ Aus der Knödelmasse kleine Kugeln formen (ø etwa 1 cm). Das kleingewürfelte Ochsenschwanzfleisch an der Kugel leicht fest drücken, in das Schweinenetz einwickeln und erneut zu einer Kugel drehen.
Backofen auf 190 °C vorheizen.

■ Ochsenschwanzpralinen in der restlichen Butter anbraten. Die Pfanne etwas schwenken, damit die Kugeln von allen Seiten angebraten werden. Pfanne in den vorgeheizten Backofen stellen, bis das Netz goldbraun und das Fett fast ganz ausgebraten ist. Dies dauert 8-10 Minuten. Ochsenschwanzpralinen auf den Kartoffelsalat-Löffeln anrichten und eventuell mit einem kleinen Spieß versehen.

Tipp: Die Sauce passieren und einreduzieren, mit 1 TL Kartoffelstärke und wenig Rotwein verrührt abbinden, abschmecken (Salz, Pfeffer) und mit dem restlichen Fleisch verzehren. Oder die Sauce anderweitig verwenden.

Putenschnitzel

Zutaten

- 2 Putenschnitzel à 120 g, in 10 Rauten geschnitten
- 30 g Butter
- 1 EL Mehl
- Salz, Pfeffer

Garnitur

- Salatblätter
- Radieschen
- Pimpinelleblätter

- Schnitzel-Rauten mit Küchenkrepp trocken tupfen.

- Butter in einer Pfanne erhitzen, aufschäumen lassen.

- Schnitzelchen in Mehl wenden und in die Pfanne legen.

- Von beiden Seiten rasch anbraten, salzen, pfeffern und aus der Pfanne nehmen.

- Auf Küchenkrepp kurz abtropfen lassen, auf Kartoffelsalat anrichten und garnieren.

Rindermedaillons

Zutaten

- 300 g Rinderfilet von der Spitze
- 20 g Butter
- Salz, Pfeffer

Garnitur

- 50 g feine Erbsen
- 1 Karotte
- Krause Petersilie

- Karotte wie bei dem Rezept „Gemüse als Blume“ – Seite 113 herrichten.

- Im kochenden Salzwasser die Erbsen kurz blanchieren, in kaltem Wasser abschrecken und auf einem Sieb abtropfen lassen.

- Rinderfilet in 10 Medaillons schneiden, salzen, pfeffern und in der heißen Butter von beiden Seiten anbraten. Die Medaillons sollten innen noch rosa sein.

- Aus der Pfanne nehmen und auf Kartoffelsalat anrichten.

- Mit Karotte, Erbsen und Petersilie garnieren.

Roastbeef-Röllchen

Zutaten

- 10 Scheiben Roastbeef (vom Metzger)
- Essiggurken oder Spargel (nach Wahl)
- 100 ml Sauce Remoulade
- Petersilie

- Die Roastbeefscheiben mit bevorzugter Füllung aufrollen.

- Mit roten und grünen Paprikastreifen oder mit Sauce Remoulade und etwas krauser Petersilie garnieren.

Tipp: Das Roastbeef sollte man am Zubereitungstag beim Metzger kaufen, da es nur so seine schöne rosa Farbe behält.

Schweinebäckchen

Zutaten

- 300 g Schweinebäckchen (gibt es fertig gekocht beim Metzger)
- 1 hart gekochtes Ei
- 3 Essiggurken

Garnitur

- Petersilie

- Die Schweinebäckchen in 10 gleich große Stücke schneiden.

- Mit ½ Eischeibe, klein geschnittenen Essiggurken und Petersilie garnieren.

Schweinebraten

Zutaten

- 10 Scheiben Schweinebraten
- 2 gekochte Karotten
- 3 Essiggurken

Garnitur

- Petersilie

- Karotten in feine Scheiben schneiden. Löffel damit auslegen und darauf den Kartoffelsalat verteilen.

- Gurken der Länge nach vierteln.

- Um die Gurkenstücke je 1 Scheibe Schweinebraten wickeln, auflegen und mit Petersilie garnieren.

Tipp: Kalbsbraten ist ebenfalls zu empfehlen.

Schweinemedaillons

Zutaten

- 250 g Schweinefilet
- 20 g Butter
- 1 EL Butter
- 1 EL Mehl
- Salz, Pfeffer
- 1 rote Zwiebel

Garnitur

- Glatte Petersilie

- Aus dem Schweinefilet 10 gleich große Stücke schneiden, eventuell etwas flach drücken.

- Salzen und pfeffern und in Mehl wenden.

- In heißer Butter anbraten, bis sie fast gar sind und herausnehmen.

- Rote Zwiebel schälen, fein würfeln und unter den Kartoffelsalat mischen.

- Auf die Löffel füllen und das Schweinefilet darauf anrichten, nach Belieben mit glatter Petersilie garnieren.

Speckstreifen

Zutaten

- 3 Scheiben geräuchter Bauchspeck (ca. 3 mm dick)
- 1 EL Öl oder Schweineschmalz

Garnitur

- Ackersalat
- Petersilie

■ In einem kleinen Topf ½ l Wasser zum Kochen bringen. Bauchspeckscheiben quer in ½ cm breite Streifen schneiden.

■ Speckstreifen unter Rühren in kochendem Wasser kurz blanchieren, auf einem Sieb abgießen und gut abtropfen lassen (die Speckstreifen kleben dann nicht mehr zusammen und sind auch nicht mehr so salzig!)

■ Öl oder Schweineschmalz in Pfanne erhitzen. Speckstreifen darin kross anbraten und wieder auf ein Sieb geben und gut abtropfen lassen. Mit Küchenkrepp das restliche Fett abtupfen und die Speckstreifen gitterförmig auf dem Kartoffelsalat anrichten. Mit etwas Ackersalat und Petersilie garnieren.

Albschnecke, gebacken

Zutaten

- 10 Albschnecken (Weinberg-schnecken) frisch oder aus der Dose
- 1 Knoblauchzehe
- 1 EL gehackte krause Petersilie
- ½ EL gehackte Thymianblättchen
- 1 EL Mehl
- 1 Ei
- 3 EL Paniermehl
- Salz
- Neutrales Öl zum Frittieren

■ Weinbergschnecken auf ein Sieb geben und trocken tupfen.

■ Knoblauchzehe schälen, fein hacken und mit Messerspitze Salz zerreiben. Zerriebenen Knoblauch, gehackte Petersilie und Thymian mischen.

■ Mehl, Paniermehl und Ei je in einen Teller geben. Ei und 1 EL Wasser mit Gabel aufschlagen.

■ Jede Schnecke in der Kräutermischung, dann in Mehl, in verquirltem Ei und zum Schluss in Paniermehl wenden. Den Vorgang wiederholen.

■ Im Topf das Öl auf 160°-180° erhitzen und Schnecken goldgelb ausbacken. Auf Küchenkrepp abtropfen lassen und auf Kartoffelsalat anrichten.

Fleischküchle

Zutaten

- 200 g Schweinehackfleisch
- 100 g Rinderhackfleisch
- 1 Ei
- 1 fein gehackte Zwiebel
- 1 fein gehackte Knoblauchzehe
- ½ TL Paprikapulver, edelsüß
- 2 EL Sahne
- 2 EL Paniermehl oder 1 altes eingeweichtes, gut ausgedrücktes Weckle (Brötchen)
- Salz, Pfeffer
- 1 EL Öl
- 20 g Butter

Garnitur

- Essiggurken

- Alles in eine Schüssel geben und gut vermengen bis die Masse eine Bindung bekommt.

- Mit Salz und Pfeffer abschmecken. Mit feuchten Händen aus der Hackfleischmasse kleine Fleischküchle oder große Kugeln formen.

- In der heißen Öl-Buttermischung von allen Seiten anbraten, bis die Fleischküchle gar sind.

- Auf Kartoffelsalat-Löffel anrichten.
Je nach Belieben mit etwas Essiggurke garnieren.

Kalbsbries, paniert

Zutaten

- 300 g Kalbsbries
- 2 EL Mehl
- 1 aufgeschlagenes Ei
- 4 EL Paniermehl
- Salz, weißer Pfeffer aus der Mühle
- 2 EL Butter

Garnitur

- Etwas Sauce Remoulade

■ Kalbsbries 2-3 Stunden in kaltem Wasser wässern. Wasser 1-2 Mal abgießen und erneuern. Bries herausnehmen und trocken tupfen.

■ In kaffeelöffelgroße Röschen teilen und von der Haut befreien. Röschen salzen und pfeffern, in Mehl wenden. Überschüssiges Mehl abklopfen. In leicht gesalzenem, aufgeschlagenem Ei wenden und in Paniermehl wälzen.

■ Pfanne erhitzen, Butter aufschäumen lassen, Briesstücke einlegen und mit Löffel immer wieder mit der Butter übergießen, wenden und wieder übergießen. Insgesamt 4-5 Minuten braten. Nicht länger, sonst werden sie hart. Herausnehmen, auf Küchenkrepp abtropfen lassen und auf Kartoffelsalat-Löffel verteilen.

Kalbsbries, natur

Zutaten

- 200 g Kalbsbries
- ½ Zwiebel
- 2 Lorbeerblätter
- 2 Nelken
- ⅛ l Weißwein
- 20 g Butter
- Salz, Pfeffer

- Aus Zwiebel, Lorbeer und Nelken eine gespickte Zwiebel herstellen.
- ½ l Wasser, gespickte Zwiebel und Weißwein sowie eine Prise Salz zum Kochen bringen
- Geputztes Briesle einlegen und 5 Minuten blanchieren, danach vom Herd nehmen und abkühlen lassen.
- Briesle herausnehmen und in nussgroße Stücke zerpflücken.
- Butter in einer Pfanne erhitzen und das Briesle darin goldbraun anbraten, mit Salz und Pfeffer würzen und auf Kartoffelsalat-Löffel anrichten

Schnitzel Wiener Art

Zutaten

- 2 Kalbs- oder Schweine-schnitzel à 150 g
- 2 EL Öl
- 50 g Butter

Panade

- 2 EL Mehl
- 1 Ei
- 5 EL Paniermehl
- Salz, Pfeffer

■ Die Schnitzel kurz abbrausen und trocken tupfen. Mehl und Paniermehl getrennt in einen Suppenteller geben.

■ Ei mit 1 EL Wasser, etwas Salz und Pfeffer mit einer Gabel oder Schnee-besen aufschlagen.

■ Schnitzel zuerst in Mehl wenden, dann durch das Ei ziehen, gut abstreifen und in Paniermehl etwas andrücken.

■ In einer Pfanne Butter und Öl erhitzen. Die panierten Schnitzel darin von beiden Seiten goldgelb anbraten.

■ Auf Küchenkrepp abtropfen lassen und in 10 Teile aufteilen und auf den Kartoffelsalat-Löffeln anrichten.

Zitronenhähnchen

Zutaten

- 300 g Hähnchenbrust
- 50 g Butter
- 2 EL Öl
- 2 EL Mehl
- 1 Ei
- 5 Scheiben Toastbrot
- ½ Bio-Zitrone
- Salz, Pfeffer

Garnitur

- Blätter von der Pimpinelle
- Gelber Paprika
- Zitrone

■ Rinde vom Toastbrot entfernen, Weißbrot zerteilen, im Mixer zu Paniermehl verarbeiten und mit Abrieb von einer ½ Zitrone mischen.

■ Die Hähnchenbrust in 10 gleich große Stücke schneiden.

■ Mehl und Paniermehl getrennt in Suppenteller geben. Das Ei mit 1 EL Wasser und etwas Salz und Pfeffer mit einer Gabel aufschlagen. Die Hähnchenbruststücke in Mehl wenden, durch das Ei ziehen, abstreifen, im Paniermehl wenden, dabei das Paniermehl etwas andrücken.

■ Pfanne mit Butter und Öl erhitzen und die Hähnchenbruststücke von beiden Seiten etwa 6 Minuten anbraten. Auf Küchenkrepp abtropfen lassen und auf Kartoffelsalat anrichten und garnieren.

Bratwurst

Zutaten

- 1 Bratwurst
- 1 EL Öl zum Anbraten
- 200 ml Schweinebratenjus (kann man kaufen)
- 3 Blatt Gelatine
- Salz, Pfeffer

Garnitur

- 10 Schnittlauchblüten
- 10 Blätter vom Eichblattsalat

Nackte Bratwürste (ohne Darm), Oberländer oder „Gschwollene", wie sie der Schwabe nennt, eignen sich hier am besten.

- Am Abend zuvor die Schweinebratenjus erwärmen.

- Die Gelatine etwa 5 Minuten in kaltem Wasser einweichen, danach gut ausdrücken und in die noch warme Schweinebratenjus einrühren. Auf einen Suppenteller gießen und im Kühlschrank zu Aspik erstarren lassen. Davon 10 Rauten als Garnitur schneiden.

- Aus der Bratwurst 10 Scheiben schneiden und in einer Pfanne in heißem Öl beidseitig anbraten, abkühlen lassen und auf Kartoffelsalat-Löffel anrichten und mit Schnittlauchblüte, Salatblatt und Aspik garnieren.

Fleischsülze

Zutaten

- 200 g Fleischsülze (1 cm dick aufgeschnitten)

Dickflüssige Vinaigrette

- 1 hart gekochtes Ei
- 2 kleine Essiggurken
- 1 Schalotte
- 1 TL gehackte Petersilie
- 1 TL feingeschnittener Schnittlauch
- 1 TL Senf, mittelscharf
- 2 EL Essig
- 1 EL Öl
- Salz, Pfeffer, Prise Zucker

Garnitur

- Kirschtomaten / Tomaten

- Salz, Pfeffer, Zucker, Senf und Essig in eine Schüssel geben, glatt rühren und Öl unterschlagen.

- Hart gekochtes Ei und Petersilie fein hacken, Schnittlauch in dünne Röllchen schneiden. Alles unter das Essig-Öl-Gemisch heben.

- Fleischsülze in 10 gleich große Würfel schneiden. Etwas Vinaigrette auf der Sülze verteilen und mit Tomatenecke garnieren.

Leberkäs' (Fleischkäs')

Zutaten

- 5 dünne Scheiben Leberkäs' bzw. Fleischkäs'

Garnitur

- 3 Radieschen oder Tomate
- 1 EL fein geschnittener Schnittlauch
- Salatblätter

- Die Fleischkässcheiben auf ein Brett legen, am unteren Ende quer 2 EL Kartoffelsalat verteilen und aufrollen.

- Die Rollen quer durchschneiden und die Hälften auf den Löffeln anrichten.

- Mit Salatblatt, Radieschen und Schnittlauch garnieren.

Rauchfleisch (Wacholder geräuchert)

Zutaten

- 10 Scheiben Rauchfleisch

Garnitur

- ¼ Salatgurke
- 10 Rucola-Blüten
- 1 EL marinierter Brennnesselsamen

- Den Kartoffelsalat auf Löffeln anrichten.

- Das Rauchfleisch darauf drapieren. Von der Salatgurke eine Garnitur ausschneiden.

- Mit Rucola-Blüte und Brennnesselsamen garnieren.

„Marinierte Brennnesselsamen“ sind unter dem Rezept „Schinkensülze mit Brennessel-Vinaigrette“, Seite 73 beschrieben

Saitenwürstle

Zutaten

- 3 Saitenwürstle
- Senf, mittelscharf
- ½ l Pflanzenöl zum Frittieren

Garnitur

- Schnittlauchröllchen
- 10 Blätter vom Lollo Rosso

- Die Saitenwürstle der Länge nach in 4 cm lange Stücke schneiden.

- In einem größeren Topf das Pflanzenöl erhitzen.

- Zwei Drittel der Wurststückchen der Länge nach in ⅛ Streifen schneiden und im heißen Fett sternförmig ausbacken, herausnehmen und auf Küchenkrepp abtropfen lassen.

- Auf Kartoffelsalat anrichten.

- In die Mitte etwas Senf geben und mit Schnittlauchröllchen garnieren.

Tipp: Das Frittierfett können Sie öfters benutzen.

Schäferstecken (Lammwürstchen)

Zutaten

- 1 Paar Schäferstecken (in feine Scheiben geschnitten)
- 2 Essiggurken in feine Scheiben geschnitten
- Krause Petersilie
- Salatblätter

- Aus dem Paar Schäferstecken etwa 30 dünne schräge Scheiben schneiden, aus den Essiggurken 20 Scheiben schneiden.

- Die vorbereiteten Kartoffelsalatlöffel mit je 3 Scheiben Schäferstecken, 2 Scheiben Essiggurken und krauser Petersilie belegen.

Tipp: Anstelle von Schäferstecken können auch Hirschsalami, Peitschenstecken (Landjäger) oder andere Hartwürste verwendet werden.

Schinkenröllchen

Zutaten

- 200 g gekochter Schinken
- 3-4 Essiggurken oder 10 Spargelspitzen

- Schinken in 4 cm breite Streifen schneiden.

- Die Essiggurken der Länge nach vierteln. Diese oder eine Spargelspitze am Ende vom Schinkenstreifen auf- legen und aufrollen.

- Auf Kartoffelsalat-Löffel anrichten und je nach Belieben mit einem Schnittlauchhalm eine Schleife binden.

Schinkensülze

Zutaten

- 200 g Schinkensülze (Metzger), in 1 cm dicke Scheiben geschnitten

Garnitur

- 10 Borretschblüten
- 20 Sauerampferblätter

Dickflüssige Vinaigrette

- 1 TL Senf, mittelscharf
- 2 EL Branntweinessig oder dunkler Balsamico
- Salz, Pfeffer, 1 Prise Zucker
- 1 EL Walnussöl
- 2 EL Brennnesselsamen

- Salz, Pfeffer, Zucker, Senf und Essig in eine Schüssel geben und alles glattrühren, dann das Öl einrühren und die Brennnesselsamen zum Schluss unterheben.

- Schinkensülze in 10 gleich große Würfel schneiden. Löffel mit gewaschenem Sauerampfer auslegen.

- Kartoffelsalat auf den Löffeln verteilen, die Würfel auflegen, darauf einen Teelöffel Brennnesselvinaigrette geben und mit Borretschblüte garnieren.

Tipp: Brennesselsamen kann man in der Apotheke kaufen oder selbst sammeln.

Schinkenwurst

Zutaten

- 10 Scheiben Schinkenwurst

Garnitur

- 10 Majoran-Blüten
- 10 Blätter vom Frauenmantel

- Schinkenwurstscheiben zur Hälfte einschneiden und zu Tüten formen.

- Mit einem ½ EL Kartoffelsalat füllen und auf einem Löffel anrichten.

- Mit Blättern vom Frauenmantel und den Majoranblüten garnieren.

Schwarze Wurst

Zutaten

- 150 g Schwarze Wurst am Stück
- 1 EL Mehl
- 20 g Butter

Garnitur

- 2 Eiweiß
- 1 roter Apfel
- Salatblätter

▪ Das Eiweiß leicht salzen, etwas verrühren und in einer ausgebutterten, feuerfesten Form im 150°C heißen Backofen zum Stocken bringen.

▪ Auskühlen lassen, auf ein Brett stürzen und für die Garnitur in kleine Rauten schneiden.

▪ Aus der Wurst 10 Scheiben schneiden. Butter in einer Pfanne erhitzen. Die Wurstscheiben in Mehl wenden und in der heißen Butter beidseitig anbraten. Aus der Pfanne nehmen und auf Kartoffelsalat-Löffel anrichten.

▪ Mit Rauten vom Eiweiß, dünnen Scheiben vom roten Apfel und Salatblättern garnieren.

Tipp: Die Eigelbe können für Spätzle oder Nudelteig weiterverwendet werden.

Fischfilet gebacken

Zutaten

- 500 g Fischfilet nach Wahl (Goldbarsch, Seelachs oder Kabeljau)
- 2 EL Öl
- 50 g Butter
- Saft einer ½ Zitrone
- Salz, Pfeffer

Für die Panade

- 2 EL Mehl
- 1 Ei
- 5 EL Paniermehl

Garnitur

- Mayonnaise und gehackte Petersilie oder Remoulade und Gurkenscheiben

Fischfilet gebacken

- Fischfilet kurz abbrausen und trocken tupfen, in 10 gleich große Stücke schneiden.

- Mehl und Paniermehl getrennt in je einen Suppenteller geben.

- Das ganze Ei mit 1 EL Wasser, etwas Salz und Pfeffer mit einer Gabel oder Schneebesen aufschlagen.

- Fischfilets mit Salz und Pfeffer würzen und mit Zitronensaft beträufeln.

- Die einzelnen Stücke zuerst in Mehl wenden, dann durch das Ei ziehen, gut abstreifen, in Paniermehl wenden und das Paniermehl etwas andrücken.

■ Pfanne mit Butter und Öl erhitzen und das Fischfilet von beiden Seiten etwa 6 Minuten anbraten.

■ Auf Küchenkrepp abtropfen lassen und auf dem Kartoffelsalat anrichten.

■ Mit etwas Mayonnaise und gehackter Petersilie oder etwas Remoulade und Gurke garnieren.

Tipp: In das aufgeschlagene Ei können auch verschiedene Kräuter eingearbeitet werden.

Forellenfilet

Zutaten

- 2 Forellenfilets geräuchert, à 120 – 150 g

Garnitur

- Dill
- Frisch geriebener Meerrettich
- Kresse
- Etwas roter und grüner Paprika

- Die einzelnen Forellenfilets mit Haut in 5 Teile schneiden.

- Die Haut bis zur Hälfte abziehen und aufrollen.

- Auf Kartoffelsalat anrichten und mit frischem Dill, frisch geriebenem Meerrettich, Kresse sowie etwas rotem und grünem Paprika garnieren.

Forellenkaviar im Gurkentürmchen

Zutaten

- 1 Salatgurke

Garnitur

- 1 Gläschen Forellenkaviar (50 g)

- Von der Salatgurke mit dem Ziselierer rundherum feine Streifen abziehen.

- Die Gurke in 2-3 cm dicke Scheiben schneiden, mit dem Kugelausstecher innen aushöhlen, mit Kartoffelsalat füllen und auf die Löffel drapieren.

- Mit Forellenkaviar garnieren.

Praline von der Forelle mit Brokkoli

Zutaten Fischfarce

- 200 g Forellenfilet (frisch, ohne Haut)
- 1 Ei
- 175 g Sahne
- 6 Scheiben Toastbrot (ohne Rinde), fein gemahlen
- Salz, Pfeffer
- Muskat

Zutaten gelierte Brokkolicreme

- 150 g Brokkoliröschen
- 1 kleine Schalotte
- ⅛ l Weißwein
- 4 cl Noilly-Prat (französischer Kräuter-Wermut)
- 3 Blatt Gelatine
- ½ l Fischfond (auf 250 ml einreduziert)
- 100 g Sesam
- 2 EL Olivenöl
- Natives Olivenöl zum Frittieren
- 1 EL Olivenöl zum Abdrehen der Pralinen

- In einer kleinen Edelstahlpfanne 2 EL Olivenöl erwärmen.

- Die Schalotte in feine Würfel schneiden, glasig andünsten.

- Die klein geschnittenen Brokkoliröschen dazugeben und kurz schwenken.
- Den Weißwein angießen und reduzieren.
- Den reduzierten Fischfond dazugeben und erneut einkochen lassen.
- Zum Schluss den Noilly-Prat dazugeben.
- Gelatine 5 Minuten in kaltem Wasser einweichen.
- Brokkolimasse im Mixer pürieren, in eine Schüssel umfüllen, die gut ausgedrückte Gelatine unterrühren und erkalten lassen.
- Über Nacht in den Kühlschrank stellen.

Zubereitung Fisch-Farce

- Das grob zerkleinerte, gut gekühlte Forellenfilet mit Ei und Sahne fein mixen.

- Durch ein Sieb streichen und erneut kalt stellen.

- Vor der Weiterverarbeitung das fein gemahlene Toastbrot nach und nach einarbeiten, bis die Konsistenz leicht fest ist.

- Mit Salz, Pfeffer und Muskat abschmecken.

Zubereitung Praline

- Die innere Handfläche mit etwas Olivenöl befeuchten.

- 1 geh. TL Fischfarce in der Handfläche verteilen

- Mit dem Kugelausstecher von der Brokkolicreme eine kleine Kugel ausstechen, in die Mitte der Fischfarce geben und die Farce rund um die Kugel verteilen und erneut zu einer Kugel formen.

- In Sesam wälzen und im heißen Olivenöl goldgelb ausbacken. Auf Küchenkrepp abtropfen lassen und auf die Löffel legen.

Garnelen gebraten

Zutaten

- 10 Garnelen (küchenfertig, nicht zu groß)
- 2 EL Olivenöl
- 1 Zitrone
- Salz, Pfeffer

Garnitur

- Blätter der Kapuzinerkresse
- Filetierte Zitrone
- Dill

- Garnelen waschen und trocken tupfen

- 2 EL Olivenöl in einer Pfanne erhitzen und die Garnelen 2 Minuten beidseitig braten.

- Dann salzen und pfeffern, auf Kartoffelsalat anrichten und ausgarnieren.

Gewürzlachs

Zutaten

- 500 g pariertes Lachsfilet
- Gewürzsalzmischung

Gewürzsalzmischung

- 300 g Meersalz
- 200 g brauner Zucker
- 1 geh. TL weiße Pfefferkörner
- 1 geh. TL schwarze Pfefferkörner
- 2 geh. TL Senfkörner
- 2 ganze Nelken
- 2 geh. TL Pimentkörner
- 2 geh. TL getrockneter/gerebelter Thymian
- 3 geh. TL Fenchelsamen
- 3 kleine Lorbeerblätter
- 2 geh. TL Wacholderbeeren
- 4 ganze Sternanis
- 3 geh. TL Korianderkörner

- Das gut parierte Lachsfilet mit je 1 - 2 EL Gewürzsalz auf beiden Seiten würzen.

- In einen Gefrierbeutel legen und 10-12 Stunden im Kühlschrank marinieren lassen.

- Danach das Lachsfilet kurz abbrausen und mit Küchenkrepp trocken tupfen.

- Lachs in dünne Scheiben schneiden und anrichten.

- Für die Gewürzsalzmischung geben Sie 100 g Meersalz in den Mixer, alle Gewürze dazu geben (Lorbeerblätter etwas grob zerteilen). Dann alles fein mixen. Das restliche Meersalz und den braunen Zucker in eine Schüssel geben, die Gewürzmischung dazu und alles gut vermengen.

Tipp: Die Gewürzmischung kann in einem verschlossenen Glas einige Monate aufbewahrt werden.

Sie können die Gewürzmischung aber auch in kleine Twist-off-Gläser füllen, das Rezept ans Glas hängen und als leckeres Mitbringsel verschenken oder als Gastgeschenk auslegen.

Hummer

Zutaten

- 2 lebende Hummer (je 500 g)
- 20 g Butter
- Salz, Pfeffer
- Frischer französischer Estragon zum Garnieren

- Einen großen Topf mit leicht gesalzenem Wasser zum Kochen bringen.

- Die Hummer mit dem Kopf voraus ins kochende Wasser geben, ca. 6 Minuten köcheln lassen, bis die Schalen rot sind.

- Die Hummer herausnehmen und leicht abkühlen lassen.

- Hummerschwänze vom Körper trennen, ebenso die Scheren.

- Hummerschwänze möglichst im Ganzen aus den Schalen lösen, den Darm entfernen und das Hummerfleisch in ½ cm dicke Medaillons schneiden.

■ Die Scheren ebenfalls aus der Schale brechen.

■ Medaillons und Scheren in der heißen Butter schwenken, leicht salzen und pfeffern.

■ Auf Kartoffelsalat-Löffel anrichten und mit frischem Estragon garnieren.

Tipp: Wenn Sie keine lebenden Hummer bekommen, können Sie im gut sortierten Fischgeschäft auch frisch gekochte oder tiefgefrorene Hummer kaufen.

Beim Kauf von Estragon sollten Sie auf Folgendes achten: Zerreiben Sie ein Blättchen zwischen den Fingern, dann entfaltet sich ein leichtes Anis-Aroma. Nur dann handelt es sich um echten französischen Estragon im Gegensatz zu russischem Estragon, der kaum Aroma hat!

Jakobsmuschel mit Zucchinichips

Zutaten

- 10 kleine Jakobsmuscheln ohne Rogen
- 2 EL Olivenöl
- Salz, Pfeffer
- 1 kleine Zucchini
- 1 geh. EL Mehl
- Neutrales Öl zum Frittieren

Garnitur

- Chicoréeblätter
- Dill

- Jakobsmuscheln waschen und trocken tupfen. Olivenöl in einer Pfanne erhitzen und Jakobsmuscheln 2 Minuten beidseitig braten. Zum Schluss salzen und pfeffern und auf Kartoffelsalat anrichten und garnieren.

- Für die Zucchinichips die Frucht von Blüte und Stielansatz befreien und in 1-2 mm dicke Scheiben schneiden oder hobeln.

- Mehl, Salz und Pfeffer in einem Frischhaltebeutel mischen und die Zucchinischeiben darin wälzen. In ein Sieb geben und überschüssiges Mehl abklopfen.

- Öl in einer etwas größeren Pfanne erhitzen und die Zucchinischeiben dann portionsweise frittieren, herausnehmen und auf Küchenkrepp abtropfen lassen.

Krebsfleisch-Medaillons mit Avocado

Zutaten

- 500 g mittelgroße Flusskrebse
- 1 reife Avocado
- 1 EL Zitronensaft
- 20 g Butter
- Salz und Pfeffer

Die Flusskrebse wie den „Hummer" auf Seite 97 zubereiten (Garzeit ca. 3-4 Minuten).

- Die Avocado der Länge nach halbieren, die Hälften gegeneinander drehen, bis man zwei Hälften hat, dann den Kern entfernen.

- Mit einem Suppenlöffel das Fruchtfleisch aus der Schale heben, in feine Scheiben schneiden und mit Zitronensaft beträufeln.

- Zusammen mit in Butter geschwenktem, gewürztem Krebsfleisch auf Kartoffelsalat-Löffel anrichten.

Tipp: Wer sich die Mühe sparen möchte, kauft Flusskrebsfleisch in Salzlake.

Räucherlachstartar

Zutaten

- 200 g geräucherter Lachs
- 1 Schalotte
- Meersalz, Pfeffer
- ½ Salatgurke

Garnitur

- Lachstartar

- Den geräucherten Lachs und die Schalotte fein würfeln und in eine Schüssel geben.

- Mit Meersalz und Pfeffer abschmecken.

- Salatgurke in feine Scheiben schneiden, den Kartoffelsalat darauf anrichten und mit einem ½ EL Lachstartar garnieren.

Artischockenherzen

Zutaten

- 3 kleine, junge lilafarbene Artischocken
- Saft von einer ½ Zitrone
- 2 cl weißer Weinessig
- 30 g Butter
- Salz und Pfeffer

Garnitur

- Ackersalat
- Etwas Pimpinelleblätter und Rucolablüten

Mit Sägemesser die stacheligen Spitzen abschneiden, Blätter am Stiel entfernen und Stiel auf ca. 5 cm kürzen. Blattschichten rundherum entfernen, bis die hellen, zarten Blätter zum Vorschein kommen. Blattansätze mit Messer entfernen, den grünen Teil am Stiel solange abschälen bis der hellere Teil sichtbar wird. Artischocke quer halbieren, denn verwendet wird nur das Herz.

In leichtem Essig-Zitronenwasser (der Eigengeschmack der Artischocke sollte erhalten bleiben) 10-12 Minuten kochen. Artischocken herausnehmen, abkühlen lassen, der Länge nach halbieren, mit einem Esslöffel das Heu entfernen und vierteln.

In heißer Butter schwenken, leicht salzen und pfeffern, auf den vorbereiteten Löffeln anrichten. Mit Ackersalat, Pimpinelleblättern und Rucolablüten garnieren.

Blumentöpfle mit Karotte und Kresse

Zutaten

- 3 mittlere Karotten
- 1 Schälchen Kresse

Garnitur

- Basilikum

- Karotten schälen und in etwa 3 cm lange Stücke schneiden.

- In leicht gesalzenem Wasser nicht zu weich kochen.

- Aus den einzelnen Stücken mit Hilfe eines kleinen Messers einen Blumentopf herausschneiden.

- An der Oberfläche eine kleine trichterförmige Vertiefung anbringen und ein wenig Kresse hineinsetzen.

- Mit Basilikum garnieren und auf die Kartoffelsalat-Löffel stellen.

Tournierter Champignonkopf

Zutaten

- 10 Champignonköpfe mittlerer Größe
- 30 g Butter
- 1 Schalotte
- 1/8 l Weißwein
- 1 Spritzer Zitronensaft

- Champignonköpfe reinigen, die Stiele etwas einkürzen. Mit Hilfe eines Ziselierers von der Mitte oben sehr feine Streifen nach unten abziehen, solange fortfahren, bis der ganze Champignonkopf ziseliert ist. Anschließend mit Zitrone beträufeln.

- In einer kleinen Pfanne 15 g Butter zerlassen, die Schalotten schälen, halbieren und in feine Würfel schneiden, in der zerlassenen Butter glasig anschwitzen.

- Champignonköpfe dazugeben, kurz durchschwenken, den Weißwein angießen, einen Deckel auflegen, einmal aufkochen lassen, dann vom Herd nehmen.

- Champignonköpfe herausnehmen, etwas abkühlen lassen und in den restlichen 15 g Butter anbraten und auf den Kartoffelsalat-Löffeln anrichten.

Gemüse als Blume

Zutaten

- 1 mittelgroße Karotte
- 200 g frische grüne Bohnen
- ½ Salatgurke

Garnitur

- Etwas Brennnesselsamen mariniert (wie im Rezept „Schinkensülze", Seite 73)

- Die Karotte schälen, Bohnen auf Fäden überprüfen. Beides in leicht gesalzenem Wasser bissfest kochen und kalt abschrecken.

- Aus den Bohnen Stiele und Blätter schneiden.

- Von der Karotte der Länge nach mit dem Ziselierer rundherum sehr feine Streifen abschneiden, dann quer in feine Scheiben schneiden.

- Aus der Gurke feine Scheiben schneiden, die Löffel damit auslegen, den Kartoffelsalat darauf verteilen.

- Aus den Bohnen und Karotten eine Blume formen und auflegen.

- Mit Brennnesselsamen garnieren.

Gemüsemais und Paprika

Zutaten

- 1 Gemüsemaiskolben
- 1 rote und 1 grüne Paprikaschote
- Salz, Pfeffer und 1 Prise Zucker

- Paprikaschoten waschen, halbieren, Kerngehäuse entfernen und fein würfeln.
- Mit Salz, Pfeffer und Zucker marinieren.
- Vom Maiskolben mit einem kleinen Messer die Körner abschälen.
- In kochendem, leicht gesalzenem Wasser blanchieren bis sie weich sind.
- Auf ein Sieb gießen und mit kaltem Wasser abbrausen.
- Abtropfen lassen und anschließend mit der Paprika mischen.
- Auf den vorbereiteten Kartoffelsalat-Löffeln anrichten.

Kapuzinerkresse Blüten und Blätter

Zutaten

- 10 Blüten von Kapuzinerkresse
- 20 kleine Blätter von der Kapuzinerkresse

- Die Löffel mit gewaschenen, jungen zarten Blättern von Kapuzinerkresse auslegen.

- Darauf einen halben Löffel Kartoffelsalat drapieren.

- Mit verschiedenfarbigen Kapuzinerkresseblüten garnieren.

Kartoffel-Gurkensalat mit Borretschblüte

Zutaten

- ½ Salatgurke
- 10 Borretschblätter / 10 Borretschblüten
- Öl zum Frittieren

- Salatgurke waschen, in dünne Scheiben schneiden und leicht salzen.

- Nach 10 Minuten die Gurkenscheiben leicht auspressen und unter den Kartoffelsalat mischen und alles nochmals abschmecken.

- Frittierfett auf 160 – 180 °C erhitzen.

- Borretschblätter der Länge nach halbieren und kurz frittieren, auf Küchenkrepp abtropfen lassen.

- Auf dem Kartoffelsalat anrichten und mit den Blüten garnieren.

Lauch mit Estragon

Zutaten

- 1 mittlere Stange Lauch
- 1 kleine Zwiebel
- 1 Knoblauchzehe
- 20 g Butter
- 1 EL Estragonblätter
- Salz, Pfeffer

Garnitur

- 5 Radieschen

- Lauch der Länge nach halbieren und in feine Streifen schneiden. Lauchstreifen waschen und auf einem Sieb abtropfen lassen.

- Zwiebel schälen, halbieren und in feine Streifen schneiden. Knoblauchzehe schälen und halbieren. Estragonblätter feinhacken.

- Butter in einem Topf zerlassen, Zwiebeln und den Knoblauch darin glasig anschwitzen. Lauch dazugeben und weich dünsten, salzen und pfeffern.

- Die gehackten Estragonblätter dazugeben und unterheben. Knoblauchhälften entfernen.

- Jeweils 1 gehäuften TL Lauch auf dem Kartoffelsalat verteilen und mit einem ½ Radieschen garnieren.

Alb-Linsen

Zutaten

- 200 g Alb-Linsen
- ½ Zwiebel (mit 2 Nelken und 2 Lorbeerblättern gespickt)
- 2 kleine Karotten
- 1 Schalotte
- Balsamico-Essig
- Öl nach Wahl
- Salz, Pfeffer
- Prise Zucker
- Saitenwürstle je nach Belieben

- Linsen, geschälte Karotten und gespickte Zwiebel in einen Topf geben und gut mit Wasser bedecken.

- Zum Kochen bringen und ca. 25-30 Minuten köcheln lassen.

- Die Linsen sollten noch etwas Biss haben.

- Auf ein Sieb gießen, abtropfen lassen und noch lauwarm marinieren.

- Zum Linsensalat können je nach Belieben noch ein paar fein geschnittene Scheibchen Saitenwürstle dazugegeben werden.

Marinade

- Salz, Pfeffer, eine Prise Zucker, etwas Balsamico-Essig, eine fein gewürfelte Karotte und Schalotte gut vermengen.

- Zum Schluss etwas Öl (je nach Geschmack, Empfehlung: Walnussöl) zugeben.

- Die Linsen mit der Marinade vermengen.

- Je einen Teelöffel Linsensalat auf den Kartoffelsalat-Löffeln anrichten.

Tipp: Auch kleine weiße Bohnenkerne gekocht, eventuell aus der Haut gedrückt und leicht tomatisiert schmecken ausgezeichnet auf Kartoffelsalat:

- Eine abgezogene Tomate entkernt und fein gewürfelt und etwas fein zerriebener Knoblauch (mit Salz)

- In einer Pfanne wenig Olivenöl erhitzen, Knoblauch dazugeben, ebenso die Bohnenkerne, dann die gewürfelte Tomate, alles gut schwenken.

- Zum Schluss etwas zerpflücktes Basilikum dazugeben und mit Salz und Pfeffer abschmecken.

Mixed Pickles

Zutaten

- 1 Glas Mixed Pickles

- Eingelegtes Mischgemüse zurechtschneiden und die Kartoffelsalat-Löffel damit dekorativ garnieren.

Pilze

Zutaten

- Je 100 g Champignons, Pfifferlinge, Steinpilze
- 1 EL Zitronensaft
- 30 g Butter
- Salz, Pfeffer

Garnitur

- Kresse

- Die Pilze mit Hilfe eines Pinsels und Küchenkrepp reinigen.

- Die Champignons in 3-4 mm dicke Scheiben schneiden und mit etwas Zitronensaft beträufeln und vermengen.

- Die Steinpilze ebenfalls in Scheiben schneiden.

- Kleine Pfifferlinge halbieren, die etwas größeren vierteln.

- Alle Pilze in Butter anbraten, leicht salzen und pfeffern und auf Kartoffelsalat-Löffel anrichten.

- Mit Kresse garnieren.

Radieschen als Mäusle

Zutaten

- 14 Radieschen
- ½ Bund Schnittlauch

■ Radieschen waschen und die Blätter entfernen. Von 4 Radieschen rundherum je 4 dünne Scheiben abschneiden.

■ Restliche 10 Radieschen zu Mäusle formen, dabei die Wurzel als Schwanz stehen lassen.

■ Im vorderen Drittel beim Blattansatz rechts und links mit einem spitzen Messer 2 tiefe Schnitte anbringen, so dass Sie die Ohren einstecken können.

■ Augen mit einem spitzen Messer kreisförmig ausstechen und Schnittlauchröllchen einsetzen. Blattansatz gibt den Mund.
Die restlichen Scheiben in Streifen schneiden und als Barthaare einstecken.

■ Die fertigen Mäusle auf den Kartoffelsalat-Löffeln anrichten.

Spargelspitzen

Zutaten

- 30 grüne Mini-Spargelspitzen oder
- 10 grüne und weiße Spargelspitzen
- 20 g Butter
- Salz, Pfeffer

- Die grünen Mini-Spargelspitzen in leicht gesalzenem Wasser 30 Sekunden blanchieren, danach sofort in eiskaltem Wasser abschrecken, auf ein Sieb geben und abtropfen lassen.

- Butter in einer Pfanne erhitzen und die Spargelspitzen darin schwenken.

- Auf den vorbereiteten Kartoffelsalat-Löffeln anrichten.

Tipp: Bei Spargel sollten die grünen Spargelspitzen 4 Minuten und die weißen Spargelspitzen 9 Minuten blanchiert werden.

Cocktailtomaten

Zutaten

- 10 Cocktail- oder Datteltomaten
- 1 TL frische Rosmarinnadeln
- 1 TL frische Thymianblättchen
- Meersalz, Pfeffer
- Zucker
- 2 EL Olivenöl

Garnitur

- Basilikumspitzen

- Tomaten an der Oberseite über Kreuz einschneiden, mit einer Schaumkelle kurz in kochendes Wasser halten und kalt abschrecken. Die Haut zu zwei Dritteln sternförmig abziehen.

- In eine feuerfeste Form legen und mit Salz, Pfeffer und Zucker würzen.

- Das Olivenöl mit den Kräutern mischen und über die Tomaten träufeln.
In den auf 80 °C vorgeheizten Backofen geben und 4-5 Stunden antrocknen lassen.

- Die Cocktailtomaten aus dem Ofen nehmen, etwas abkühlen lassen. Die Hautspitzen etwas zurechtzupfen und in die Mitte eine Basilikumspitze stecken.

- Auf den Kartoffelsalat-Löffeln anrichten.

Trüffel

Zutaten

- 100 g frische Trüffel

- Die frischen Trüffel unter fließendem Wasser mit einer Bürste gut abbürsten, damit aus den Vertiefungen die Erde oder der Sand gut ausgewaschen wird.

- Die Trüffel mit Küchenkrepp trocken tupfen.

- Mit einem kleinen Messer die äußere schwarze Schicht abschälen, dann die Trüffel fein hobeln oder von Hand in feine Scheiben schneiden und auf den Kartoffelsalat-Löffeln anrichten.

Tipp: Am preisgünstigsten lässt sich diese Variante mit frischen Sommertrüffeln verwirklichen.

Wachtelei (hartgekocht)

Zutaten

- 10 frische Wachteleier

Garnitur

- ½ rote Paprikaschote
- ½ grüne Paprikaschote
- ½ Zucchini

- Wachteleier am dicken Ende mit einem Eierpikser einstechen und 4 Minuten hartkochen, kalt abschrecken, schälen, halbieren und auf den vorbereiteten Kartoffelsalat-Löffeln anrichten.

- Mit Gemüsepaprika und Zucchini garnieren.

Wachtelei (als Spiegelei)

Zutaten

- 10 frische Wachteleier
- 20 g Butter

Garnitur

- Lollo Rosso Salat

- Es empfiehlt sich, die Wachteleier zuerst in einer Tasse aufzuschlagen.

- Die Hälfte der Butter in einer Pfanne erhitzen und darin die ersten 5 Spiegeleier braten, dann die nächsten 5.

- Die Wachtel-Spiegeleier einzeln auf den vorbereiteten Kartoffelsalat-Löffeln anrichten und mit Salat garnieren.

Serviervorschläge

Mein ganz besonderer Dank gilt

- Eberhard Morgenstern für seine Mithilfe und seine Verfügbarkeit.
Carmen Bila, die meine nicht ganz so ordentliche Handschrift in wohlgeordnete Seiten verwandelt hat und auch praktisch eine große Hilfe war.

- Hans Jaudas, der mich bei dem Buchprojekt, ob praktisch oder in theoretischen Fragen, mit großem Engagement freundschaftlich unterstützt hat.

- Angelika Feuerbacher für ihre technische Hilfe mit ihren Accessoires, aber auch für die praktische Zusammenarbeit.
Wolfgang Kuss, der mir ebenfalls in praktischen Dingen eine große Hilfe war.

- Meine Frau Anne, die großes Verständnis hatte, wenn ich wieder einmal keine Zeit hatte und mit der Arbeit an diesem Buch beschäftigt war.